VOCES DEL BAOBAB
(PROVERBIOS DE SABIDURÍA AFRICANA)

Verbum Infantil-Juvenil

Dirigida por: LUIS RAFAEL

Colección creada especialmente para la formación y el disfrute de los primeros lectores. Libros atractivos, con temas, lenguaje y enfoques contemporáneos, que permitirán a niños y jóvenes deleitarse con la lectura al tiempo que acceden a universos donde la palabra es vehículo idóneo para explicar, desde el arte, las disímiles aristas de la realidad.

Presenta álbumes para niños de diferentes edades y las series especiales Clásicos en Cómic y Famosos en cómic, donde aparecen versionadas las obras fundamentales de la literatura universal y las biografías de personajes como Albert Einstein, César Vallejo, Miguel de Cervantes, Charles Chaplin, William Shakespeare, etc.

Atesora, además, obras clásicas de la literatura infantil-juvenil y contemporáneas de importantes autores como Jordi Sierra-i-Fabra, Luis Cabrera Delgado, José Martí, Hans Christian Andersen, Fernán Caballero, Alejandro Dumas, Julio Verne, Emilio Salgari, Enrique Pérez Díaz, Nicolás Guillén, Miguel Hernández, Antonio Machado, Federico García Lorca, Juan Ramón Jiménez, Carlo Frabetti, entre otros.

ALEJANDRO ALCALÁ

VOCES DEL BAOBAB

PROVERBIOS DE SABIDURÍA AFRICANA

EDITORIAL **VERBUM**

© Alejandro Alcalá, 2025
© Diseño de portada: Iván García
© Editorial Verbum, S. L., 2025

Tr.ª Sierra de Gata, 5
La Poveda (Arganda del Rey)
28500 - Madrid
Teléf.: (+34) 910 46 54 33
e-mail: info@editorialverbum.es
https://editorialverbum.es

I.S.B.N.: 978-84-1136-990-9
Depósito Legal: M-16587-2025

Diseño de colección: Pérez Fabo
Preimpresión: Adrians Esquivel Romero
Printed in Spain / Impreso en España

Este libro ha sido
impreso con papel
ecológico procedente
de bosques sostenibles.

ÍNDICE

APÉNDICES

Prólogo

El espíritu de África en la palabra compartida

- Bajo la sombra del baobab —árbol sagrado, centinela del tiempo, refugio de ancianos y niños— nace la palabra que no se escribe, pero perdura. En África, la sabiduría no solo se transmite por escrito: se respira, se canta, se murmura junto al fuego o se siembra en la mente del oyente como una semilla que germinará al ritmo del corazón.

- El proverbio es mucho más que una frase breve. Es una verdad envuelta en metáfora, una enseñanza destilada por generaciones que no necesitaban libros para ser sabias. Es, en su esencia, la forma que tiene el pueblo africano de filosofar desde lo cotidiano, de enseñar sin imponer, de corregir sin herir. Cada proverbio es una brújula: señala un norte ético, emocional o espiritual. Es la voz del anciano en la plaza, del cazador en el monte, de la madre que acuna, del niño que escucha.

- Este libro recoge esas voces múltiples que han viajado de boca en boca, de etnia en etnia, de siglo en siglo. Voces que no pertenecen a un solo país, porque África es muchas Áfricas. Aquí convergen proverbios de pueblos yoruba, mandinga ashanti, wolof, zulu, fang, hausa, malinké, entre muchos otros. Cada uno ofrece un destello único de un universo cultural vasto, diverso y profundamente humano.

- Agrupar estos proverbios por temas no busca imponer un orden externo, sino facilitar el diálogo con el lector moderno, invitándolo a descubrir la riqueza de valores, emociones y pensamientos que se entrelazan en estas breves sentencias. No hay dogma aquí, sino invitación. No hay moral rígida, sino sabiduría flexible, nacida del contacto íntimo con la tierra, con la comunidad y con los ciclos de la vida.

- *Voces del Baobab* es un homenaje al arte de escuchar. A quienes aún hoy se detienen a oír al anciano que habla lento, al viento que repite cuentos olvidados, al tambor que narra sin palabras. Es, también, una ofrenda a quienes creen que la sabiduría verdadera no grita, sino que susurra. Y que cada uno de nosotros, al escucharla, se convierte también en guardián de esa llama ancestral.

A. A.

Introducción

- En África, la palabra pesa más que el oro y perdura más que el bronce. El proverbio, breve en forma pero profundo en contenido, es la joya de esa tradición oral milenaria. No se trata solo de frases ingeniosas ni de refranes populares; son fragmentos de experiencia colectiva, esencias de sabiduría concentrada que han pasado de generación en generación, no por escrito, sino a través de la voz, del gesto, del momento compartido.

- La función del proverbio en la sociedad africana no es decorativa, sino vital. Aconseja sin adoctrinar, corrige sin humillar, enseña sin imponer. Se usa en conversaciones cotidianas, en ceremonias, en litigios, en la crianza de los hijos. El anciano no responde directamente: ofrece un proverbio que es también poesía. El joven no replica: interpreta. Así se construye un diálogo donde el pensamiento florece y la sabiduría se convierte en brújula para el alma.

- Los proverbios son el alma hablada de los pueblos. Y aunque nacen del contexto particular de una comunidad, muchos de ellos trascienden fronteras y ecosistemas: hablan de la vida, del amor, del miedo, del tiempo, de la muerte, del respeto a la naturaleza. Por eso, aunque su raíz esté anclada en el suelo africano, su savia nutre a todo ser humano que busque entender mejor su propio lugar en el mundo.

EL BAOBAB: SÍMBOLO DE SABIDURÍA Y COMUNIDAD

- Elegir al baobab como imagen central de este libro no es solo un gesto poético, sino una elección cargada de significado. El baobab, también conocido como "el árbol de la vida", es más que un gigante vegetal: es un símbolo sagrado para muchos pueblos africanos. Con sus ramas como brazos abiertos y su tronco ancho como la memoria colectiva, representa la permanencia, la resistencia, el centro de reunión, el lugar donde la palabra encuentra su espacio. Bajo su sombra se reúnen los ancianos para deliberar, los niños para escuchar cuentos, los vecinos para compartir decisiones. Es un aula sin muros, un templo sin ídolos, una casa sin techo. El baobab guarda en su interior agua, y en su sombra, sabiduría. Así como él, los proverbios albergan vida y conocimiento, ocultos en su corteza metafórica.

- Este libro, *Voces del Baobab*, nace inspirado en esa imagen: como un espacio común donde las palabras ancestrales siguen latiendo, esperando ser escuchadas con respeto y humildad. No como verdades absolutas, sino como preguntas que nos invitan a pensar distinto.

Cómo leer este libro: una guía para el alma

- No es necesario leer este libro de principio a fin. Puede abrirse al azar, como se abre una mano al viento, y dejar que un proverbio nos encuentre. Cada capítulo agrupa los proverbios por temas universales: la amistad, el amor, la sabiduría, la comunidad, la naturaleza, el tiempo... Puedes leerlo como quien busca respuestas o como quien busca mejorarse. Puedes dejarlo reposar y retomarlo días después, como se hace con una conversación profunda. No buscamos "traducir" la sabiduría africana a parámetros occidentales, sino tender puentes para que el lector de cualquier parte del mundo pueda aproximarse con respeto a ese modo de mirar la vida.

- Este libro es, en última instancia, una invitación a escuchar. A escuchar lo que viene de lejos y, al hacerlo, quizá también a escuchar mejor lo que hay dentro de nosotros.

Capítulo 1: El valor de la amistad

La lealtad entre iguales

- El amigo verdadero se conoce en la escasez. *(Proverbio suajili)*
- Un amigo es como un tambor: hay que golpearlo para saber si es bueno. *(Proverbio mandinga)*
- Quien camina solo llega más rápido, pero quien camina acompañado llega más lejos. *(Proverbio bantú)*
- El agua que un amigo trae nunca está demasiado lejos. *(Proverbio mossi)*
- Si quieres ir rápido, ve solo; si quieres llegar lejos, ve acompañado. *(Proverbio africano)*
- Cuando un amigo te llama, no preguntes por qué. *(Proverbio yoruba)*
- Los cuernos del toro no se enredan si no son hermanos. *(Proverbio igbo)*
- El amigo no se mira con los ojos, se siente con el corazón. *(Proverbio somalí)*

La risa compartida

- La risa no tiene tribu. *(Proverbio africano)*
- Donde hay amistad, hay calidez incluso en el frío. *(Proverbio hausa)*

- La alegría compartida es doble alegría. *(Proverbio yoruba)*
- Cuando los niños ríen juntos, el mundo está en paz. *(Proverbio songhai)*
- El corazón que sabe reír, no envejece nunca. *(Proverbio makonde)*
- Un amigo que te hace reír es mejor que uno que te da oro. *(Proverbio ewe)*
- Cuando la boca se llena de risa, el alma se aligera. *(Proverbio akan)*
- La risa compartida es medicina del alma. *(Proverbio shona)*

EL AMIGO EN LA ADVERSIDAD

- Cuando el techo se cae, el verdadero amigo no huye: se queda bajo la lluvia contigo. *(Proverbio de Ghana)*
- El que te limpia la espalda cuando te bañas es tu verdadero hermano. *(Proverbio congoleño)*
- Un enemigo declarado es mejor que un amigo falso. *(Proverbio wolof)*
- El amigo que no te deja llorar solo es el que merece tu risa. *(Proverbio tswana)*
- Cuando lloras, el amigo no pregunta: se sienta contigo. *(Proverbio swazi)*

- La sombra del amigo es más fresca que la del árbol. *(Proverbio nyanja)*
- El amigo que llega en la tormenta es más valioso que el que te aplaude en la fiesta. *(Proverbio zulu)*
- Si estás rodeado de verdaderos amigos, hasta el león parece un gato. *(Proverbio bemba)*

Capítulo 2: Amor y afecto: entre fuego y raíz

EL CORTEJO Y EL DESEO

- El amor es como una cabra: va donde quiere. *(Proverbio africano)*
- El que no se atreve a cortejar no debe quejarse de la soledad. *(Proverbio wolof)*
- El corazón no conoce sabiduría cuando está enamorado. *(Proverbio akan)*
- El tambor llama a la danza como el corazón llama al amor. *(Proverbio yoruba)*
- Cuando el amor entra, el ojo no ve defectos. *(Proverbio ewe)*
- A la mujer hermosa la siguen hasta las colinas. *(Proverbio suajili)*
- El deseo no respeta cicatrices. *(Proverbio fang)*
- Si quieres miel, no temas a las abejas. *(Proverbio africano)*
- El que ama no teme arriesgar. *(Proverbio bubi)*

EL AMOR COMO PACIENCIA Y PRUEBA

- El amor es una fruta que madura lentamente. *(Proverbio bantú)*

- El amor no se prueba con palabras, sino con actos. *(Proverbio ashanti)*
- Cuando amas a alguien, el polvo del camino no te molesta. *(Proverbio malinké)*
- El que ama carga sin quejarse. *(Proverbio nuer)*
- Incluso el árbol joven necesita paciencia para dar sombra. *(Proverbio yoruba)*
- La distancia pone a prueba al corazón como el fuego al oro. *(Proverbio hausa)*
- El amor que resiste la estación seca es amor verdadero. *(Proverbio songhai)*
- La mujer que espera, ama más que la que grita. *(Proverbio tsonga)*
- El amor ciego oye mejor que el odio que ve. *(Proverbio ewe)*

EL VÍNCULO DURADERO

- El amor no se corta como la cuerda de una calabaza. *(Proverbio kikuyu)*
- Cuando el corazón está atado, ni el mar puede separarlo. *(Proverbio akan)*
- Dos corazones que se entienden no necesitan palabras. *(Proverbio bemba)*
- El amor verdadero no envejece, solo se vuelve más sabio. *(Proverbio zulu)*

- El vínculo que nace del alma no lo rompe el tiempo. *(Proverbio suajili)*
- Cuando los corazones son uno, las casas no están lejos. *(Proverbio somalí)*
- La pareja que ríe junta, camina junta. *(Proverbio wolof)*
- Los cuerpos se separan, pero los espíritus no. *(Proverbio fang)*
- El lazo del amor no se ve, pero sujeta. *(Proverbio igbo)*

Capítulo 3: Familia: tronco del árbol humano

PADRES E HIJOS

- El hijo no se olvida del regazo que lo acunó. *(Proverbio akan)*
- Un padre es el camino por donde pasa el hijo. *(Proverbio yoruba)*
- La semilla no cae lejos del árbol. *(Proverbio africano)*
- Quien no escucha a sus padres, tropieza en el camino. *(Proverbio suajili)*
- La voz del padre retumba más que el trueno. *(Proverbio igbo)*
- La madre es la escuela del corazón. *(Proverbio kikuyu)*
- Los brazos que cargaron no se olvidan nunca. *(Proverbio bemba)*
- Enseña al niño mientras es barro; luego será difícil moldearlo. *(Proverbio ashanti)*
- El hijo ingrato rompe el techo bajo el que duerme. *(Proverbio hausa)*

LA SABIDURÍA DE LOS ABUELOS

- El anciano que muere es una biblioteca que arde. *(Proverbio malinké)*

- Quien tiene un abuelo, tiene un sabio en casa. *(Proverbio songhai)*
- El joven corre más rápido, pero el viejo conoce el camino. *(Proverbio ewe)*
- Las arrugas del anciano son mapas del tiempo. *(Proverbio nuer)*
- Cuando los viejos hablan, los tambores callan. *(Proverbio zulu)*
- La palabra del abuelo es medicina sin receta. *(Proverbio hausa)*
- La memoria de los abuelos sostiene el alma del pueblo. *(Proverbio africano)*
- Donde no hay ancianos, no hay futuro. *(Proverbio bubi)*
- El consejo del viejo es más afilado que la lanza del joven. *(Proverbio tswana)*

EL CLAN COMO REFUGIO

- El clan es el fuego que nunca se apaga. *(Proverbio igbo)*
- Quien no tiene familia, camina entre sombras. *(Proverbio yoruba)*
- La casa se sostiene con muchas manos. *(Proverbio kikuyu)*
- Un solo tronco no levanta una cabaña. *(Proverbio bemba)*

- El clan no se elige, se honra. *(Proverbio songhai)*
- La sangre llama aunque esté dormida. *(Proverbio suajili)*
- El refugio más cálido es el pecho de la familia. *(Proverbio akan)*
- Los parientes son como raíces: invisibles, pero sostienen. *(Proverbio africano)*
- Si el clan está unido, la tormenta se vuelve brisa. *(Proverbio hausa)*

Capítulo 4: Comunidad y convivencia

EL OTRO COMO ESPEJO

- El rostro del otro es tu propio rostro reflejado. *(Proverbio yoruba)*
- El ser humano se conoce entre seres humanos. *(Proverbio ewe)*
- Quien ve al prójimo como extraño, aún no ha despertado. *(Proverbio suajili)*
- Los ojos no se ven a sí mismos sin el espejo del otro. *(Proverbio hausa)*
- Una sola mano no puede atarse por sí sola. *(Proverbio igbo)*
- No te burles del lisiado: mañana podrías caminar como él. *(Proverbio malinké)*
- El desprecio del otro es ceguera del alma. *(Proverbio tswana)*
- Nadie se baña solo sin salpicar a los demás. *(Proverbio fang)*
- No hay "yo" donde no hay "nosotros". *(Proverbio zulu)*

LA IMPORTANCIA DEL CONSEJO

- El consejo del anciano es la lámpara del joven. *(Proverbio ashanti)*

- Una oreja que no escucha, camina hacia la oscuridad. *(Proverbio bemba)*
- El sabio no habla mucho, pero escucha el doble. *(Proverbio somalí)*
- La casa que no pide consejo se inclina sola. *(Proverbio akan)*
- Cuando dos conversan, la sabiduría se despierta. *(Proverbio songhai)*
- No se puede trenzar el cabello de uno mismo sin un espejo. *(Proverbio kikuyu)*
- El que ignora el consejo rompe su propia calabaza. *(Proverbio ewe)*
- El que rechaza el consejo, acarrea su propio desastre. *(Proverbio nuer)*
- El consejo dado con cariño es mejor que el reproche con razón. *(Proverbio suajili)*

Cooperar para sobrevivir

- Una sola mano no puede lavar la cara. *(Proverbio yoruba)*
- Se necesitan muchas gotas para llenar una calabaza. *(Proverbio zande)*
- Cuando las arañas tejen juntas, pueden atar a un león. *(Proverbio de Madagascar)*
- El que corta solo, corta despacio. *(Proverbio bantú)*

- El árbol no sostiene su propia sombra. *(Proverbio africano)*
- Todos los dedos de la mano tienen su función. *(Proverbio igbo)*
- El que comparte su fuego, nunca duerme solo. *(Proverbio bubi)*
- Una comunidad que coopera, no teme la sequía. *(Proverbio songhai)*
- Las aves que vuelan juntas no se pierden. *(Proverbio hausa)*

Capítulo 5: Sabiduría y conocimiento

El valor del silencio

- El silencio es también una respuesta. *(Proverbio suajili)*
- El que sabe mucho, habla poco. *(Proverbio ewe)*
- El agua profunda fluye sin ruido. *(Proverbio yoruba)*
- El tambor que más retumba es el que menos enseña. *(Proverbio ashanti)*
- El silencio es la sabiduría de los sabios. *(Proverbio malinké)*
- Cuando el sabio calla, el necio tiembla. *(Proverbio igbo)*
- El ruido no alimenta al alma. *(Proverbio nuer)*
- El silencio del anciano vale más que el grito del joven. *(Proverbio tswana)*
- Quien domina su lengua, gobierna su destino. *(Proverbio bemba)*

Aprender observando

- El que no observa, no aprende. *(Proverbio somalí)*
- El ojo aprende antes que el oído. *(Proverbio akan)*
- Mira al pájaro y sabrás cuándo viene la lluvia. *(Proverbio yoruba)*

- La sabiduría entra por los ojos y se guarda en el corazón. *(Proverbio kikuyu)*
- El que no observa la danza no aprende los pasos. *(Proverbio bubi)*
- El aprendiz sabio no interrumpe: observa. *(Proverbio hausa)*
- Incluso la hormiga enseña si se le mira con atención. *(Proverbio africano)*
- La naturaleza es la mejor maestra si el alma está abierta. *(Proverbio fang)*
- Quien sabe mirar, encuentra lecciones hasta en las piedras. *(Proverbio songhai)*

ESCUCHAR AL ANCIANO

- El anciano que habla es un árbol que florece. *(Proverbio zulu)*
- El joven que no escucha a los viejos pierde el camino. *(Proverbio yoruba)*
- Los oídos del sabio se abren cuando habla el mayor. *(Proverbio ewe)*
- El que desprecia la voz del abuelo, camina hacia el abismo. *(Proverbio akan)*
- La sabiduría entra por el oído, no por la boca. *(Proverbio bemba)*
- Quien escucha al anciano, evita cien errores. *(Proverbio tswana)*

- La palabra del viejo no pasa de moda. *(Proverbio hausa)*
- Cuando los viejos hablan, el viento se detiene a escuchar. *(Proverbio songhai)*
- El consejo del anciano es sombra para el caminante. *(Proverbio kikuyu)*

Capítulo 6: Paciencia, tiempo y espera

EL ARTE DE DEJAR QUE MADURE EL FRUTO

- El árbol no da fruto el día que se planta. *(Proverbio igbo)*
- La fruta verde no se arranca: se espera. *(Proverbio akan)*
- El que siembra con prisa, cosecha vacío. *(Proverbio suajili)*
- El fruto que madura lentamente tiene el mejor sabor. *(Proverbio yoruba)*
- Nada florece sin antes hundirse en la tierra. *(Proverbio tswana)*
- El árbol joven crece torcido si se le empuja con prisa. *(Proverbio kikuyu)*
- La calabaza no se infla en un día. *(Proverbio ewe)*
- El que no sabe esperar, corta la flor antes de verla. *(Proverbio bemba)*
- La paciencia del agricultor se mide en estaciones. *(Proverbio zande)*

TODO LLEGA A SU HORA

- El sol no se apura para salir, y siempre llega. *(Proverbio malinké)*

- Lo que debe ser tuyo, vendrá sin correr. *(Proverbio hausa)*
- El tiempo cocina incluso al ñame más duro. *(Proverbio yoruba)*
- El viento no sopla siempre, pero vuelve. *(Proverbio fang)*
- A cada tambor le llega su ritmo. *(Proverbio songhai)*
- El tambor no se toca antes de la danza. *(Proverbio ewe)*
- El que sabe esperar, encuentra agua en el desierto. *(Proverbio bubi)*
- La estación de la lluvia no se adelanta con lamentos. *(Proverbio ashanti)*
- El camino largo también lleva al hogar. *(Proverbio zulu)*

EL RÍO NUNCA OLVIDA SU CURSO

- El río puede desviarse, pero siempre encuentra su mar. *(Proverbio africano)*
- Aunque se seque, el río recuerda por dónde corría. *(Proverbio somalí)*
- El agua paciente atraviesa la roca. *(Proverbio kikuyu)*
- El río sabe que llegar es cuestión de tiempo. *(Proverbio yoruba)*

- No se puede empujar al río: hay que fluir con él.
  (Proverbio ewe)
- El río viejo no teme al remolino. *(Proverbio tsonga)*
- La corriente no se rompe: se transforma. *(Proverbio hausa)*
- El que observa el río aprende a esperar en silencio.
  (Proverbio akan)
- El río que vuelve al origen no ha perdido el camino.
  (Proverbio igbo)

Capítulo 7: Coraje, esfuerzo y superación

EL LEÓN QUE RUGE DENTRO

- El que tiene león en el corazón no teme a la selva. *(Proverbio suajili)*
- El coraje no hace ruido, pero mueve montañas. *(Proverbio ewe)*
- Aunque la lanza tiemble en la mano, el guerrero avanza. *(Proverbio zulu)*
- El miedo no detiene al que ya ha decidido cruzar. *(Proverbio akan)*
- El rugido más fuerte es el que nace del silencio. *(Proverbio yoruba)*
- El que domina su miedo es más fuerte que el que vence mil batallas. *(Proverbio somalí)*
- No se conoce al valiente por la fuerza, sino por la acción. *(Proverbio bemba)*
- La valentía es caminar con el tambor del alma. *(Proverbio igbo)*
- El león no se preocupa por la opinión de las ovejas. *(Proverbio africano)*

LA IMPORTANCIA DE CAER Y LEVANTARSE

- Caer no es lo mismo que rendirse. *(Proverbio malinké)*

- El niño que cae aprende a caminar. *(Proverbio hausa)*
- La tierra no guarda rencor a quien la besa con la frente. *(Proverbio fang)*
- Cada caída enseña una forma distinta de ponerse en pie. *(Proverbio songhai)*
- El que nunca ha caído, no sabe lo que pesa la victoria. *(Proverbio tswana)*
- El árbol no se lamenta por cada rama rota. *(Proverbio bubi)*
- Tropezar es parte del viaje. *(Proverbio ewe)*
- El polvo no mancha al que sabe seguir caminando. *(Proverbio kikuyu)*
- Caer es del cuerpo; levantarse es del espíritu. *(Proverbio nuer)*

NO HAY CAMINO SIN POLVO

- El camino limpio no lleva a ningún lado. *(Proverbio yoruba)*
- Todo sendero deja marcas en los pies. *(Proverbio igbo)*
- El que teme ensuciarse, no cruza el río. *(Proverbio hausa)*
- El polvo del camino es el precio de avanzar. *(Proverbio akan)*
- Caminar es aceptar la fatiga como parte del destino. *(Proverbio suajili)*

- Los pies del sabio también sangran. *(Proverbio zande)*
- La meta no se alcanza sin ampollas. *(Proverbio tsonga)*
- Quien quiere miel debe soportar las picaduras. *(Proverbio songhai)*
- Ningún viaje importante se hace sin polvo, sin sol ni sin hambre. *(Proverbio africano)*

Capítulo 8: Destino, misterio y espiritualidad

LA MANO DE LOS DIOSES

- Nadie escapa al camino que le han trazado los dioses. *(Proverbio yoruba)*
- El destino no corre: camina seguro. *(Proverbio ewe)*
- Incluso el viento obedece a lo invisible. *(Proverbio hausa)*
- El sol no pregunta si puede salir: simplemente lo hace. *(Proverbio akan)*
- La calabaza no elige el agua que lleva. *(Proverbio zulu)*
- Cuando los dioses cierran una puerta, abren un sendero. *(Proverbio igbo)*
- La sombra del destino cae sobre todos, pero no pesa igual. *(Proverbio tswana)*
- Ninguna palmera crece donde el cielo no lo permite. *(Proverbio bubi)*
- El tambor de los dioses resuena en el pecho del que escucha. *(Proverbio fang)*

EL ALMA Y SUS PRUEBAS

- Nadie conoce el peso del alma ajena. *(Proverbio suajili)*

- La herida del espíritu no sangra, pero duele más. *(Proverbio songhai)*
- El alma fuerte es la que ha llorado en silencio. *(Proverbio nuer)*
- El que no ha sufrido no ha despertado. *(Proverbio malinké)*
- Cada espíritu tiene su noche oscura. *(Proverbio kikuyu)*
- Las lágrimas del alma no se ven, pero riegan por dentro. *(Proverbio ewe)*
- El fuego interior también necesita leña. *(Proverbio akan)*
- El que conoce sus sombras, camina más recto. *(Proverbio zande)*
- La montaña más alta está dentro del corazón. *(Proverbio yoruba)*

La voz de los espíritus

- Los ancestros no mueren: descansan en los árboles y en el viento. *(Proverbio bemba)*
- El que sueña con los antepasados, escucha el lenguaje de la verdad. *(Proverbio igbo)*
- Los espíritus hablan bajo, pero claro. *(Proverbio hausa)*
- Donde se honra a los muertos, florecen los vivos. *(Proverbio ashanti)*

- La sabiduría de los antiguos camina descalza entre nosotros. *(Proverbio fang)*
- Los huesos tienen memoria. *(Proverbio tswana)*
- Cuando el tambor suena solo, es que los espíritus bailan. *(Proverbio songhai)*
- No se teme al bosque donde los antepasados vigilan. *(Proverbio suajili)*
- El alma escucha lo que los oídos no pueden oír. *(Proverbio africano)*

Capítulo 9: La sabiduría de la naturaleza

El árbol, el río, el viento

- El árbol que da sombra no pregunta quién se cobija. *(Proverbio yoruba)*
- El río enseña a avanzar sin empujar. *(Proverbio suajili)*
- El viento no se ve, pero se respeta. *(Proverbio hausa)*
- El árbol que olvida sus raíces cae con la primera tormenta. *(Proverbio akan)*
- Donde canta el río, descansa el alma. *(Proverbio bemba)*
- El viento lleva los secretos que la tierra calla. *(Proverbio zande)*
- El árbol que crece en soledad, se tuerce. *(Proverbio igbo)*
- El río no corre por orgullo, sino por necesidad. *(Proverbio songhai)*
- Cuando el viento sopla, hasta el más sabio se inclina. *(Proverbio kikuyu)*

Lo que enseña la sabana

- El sol enseña sin palabras. *(Proverbio bubi)*

- En la sabana no hay muros: todo es camino. *(Proverbio ewe)*
- Quien escucha a la tierra, nunca se pierde. *(Proverbio malinké)*
- La hierba sabe que el fuego también enseña. *(Proverbio zulu)*
- El horizonte no tiene prisa: siempre llega. *(Proverbio fang)*
- La lluvia cae para todos, pero no moja igual. *(Proverbio tswana)*
- La noche en la sabana es más sabia que mil libros. *(Proverbio nuer)*
- La sabana enseña al que camina con humildad. *(Proverbio somalí)*
- La tierra seca no es muda: guarda su canto en el polvo. *(Proverbio suajili)*

ANIMALES COMO MAESTROS

- El león no necesita alardear para ser respetado. *(Proverbio akan)*
- La hormiga es pequeña, pero construye su imperio. *(Proverbio yoruba)*
- El camaleón avanza sin ruido, pero llega lejos. *(Proverbio fang)*
- El elefante no olvida, pero tampoco atropella sin razón. *(Proverbio bemba)*

- La gacela no corre por vanidad, sino por sabiduría. *(Proverbio zulu)*
- El búho no habla mucho, pero ve en la oscuridad. *(Proverbio igbo)*
- El cocodrilo parece dormir, pero observa todo. *(Proverbio hausa)*
- La jirafa camina con elegancia porque ve más allá. *(Proverbio songhai)*
- Los animales no mienten: actúan según su naturaleza. *(Proverbio africano)*

Capítulo 10: Trabajo, sustento y abundancia

LA TIERRA COMO MADRE

- La tierra no niega a quien la trabaja con respeto. *(Proverbio suajili)*
- Quien cuida la tierra, nunca muere de hambre. *(Proverbio igbo)*
- La tierra es paciente: da a quien la honra. *(Proverbio yoruba)*
- El que escupe la tierra, escupe sobre su madre. *(Proverbio zulu)*
- La tierra no se queja, pero responde a cada gesto. *(Proverbio akan)*
- No hay pan sin polvo en las manos. *(Proverbio ewe)*
- La tierra no guarda rencor, pero no olvida la indiferencia. *(Proverbio fang)*
- La madre tierra habla con frutos, no con palabras. *(Proverbio songhai)*
- Arar la tierra es hablar con la vida. *(Proverbio hausa)*

QUIEN SIEMBRA BIEN, RECOGE

- Quien siembra maíz, no debe esperar sorgo. *(Proverbio kikuyu)*

- La cosecha depende de la semilla y del corazón. *(Proverbio malinké)*
- El que trabaja al amanecer, come al atardecer. *(Proverbio tswana)*
- Si la semilla es buena, el campo sonríe. *(Proverbio bemba)*
- No hay milagro sin esfuerzo. *(Proverbio yoruba)*
- La siembra sin cuidado cosecha decepción. *(Proverbio igbo)*
- La paciencia del sembrador es su mejor herramienta. *(Proverbio akan)*
- Cada semilla tiene su tiempo, y cada tiempo su fruto. *(Proverbio zande)*
- El que no siembra, teme mirar el campo. *(Proverbio ewe)*

Comer con gratitud

- El alimento no se desprecia, aunque sea poco. *(Proverbio hausa)*
- El que come sin agradecer, come solo con la boca. *(Proverbio yoruba)*
- No se canta mientras se come: se honra el alimento. *(Proverbio ashanti)*
- Comer en comunidad es bendecir el día. *(Proverbio suajili)*

- La comida sabe mejor cuando se comparte. *(Proverbio bubi)*
- El pan del agradecido nunca se acaba. *(Proverbio ewe)*
- El corazón lleno agradece más que el estómago lleno. *(Proverbio igbo)*
- El alimento bendice a quien lo cultiva y a quien lo recibe. *(Proverbio kikuyu)*
- El plato lleno enseña humildad si se mira con respeto. *(Proverbio fang)*

Capítulo 11: El poder del lenguaje y la palabra

Decir lo justo

- La palabra justa pesa más que cien lanzas. *(Proverbio yoruba)*
- El que mide sus palabras, siembra paz. *(Proverbio ewe)*
- La boca es pequeña, pero puede prender fuego a un pueblo. *(Proverbio hausa)*
- La lengua no tiene hueso, pero puede romper corazones. *(Proverbio suajili)*
- El sabio habla poco, pero dice mucho. *(Proverbio akan)*
- Una sola palabra puede detener una guerra. *(Proverbio igbo)*
- El que no controla su lengua, envenena su propio pozo. *(Proverbio zande)*
- La palabra que sobra, hiere más que el silencio. *(Proverbio tswana)*
- Decir lo necesario es más difícil que hablar mucho. *(Proverbio bemba)*

Hablar para sanar o para herir

- La palabra es como el cuchillo: puede cortar o curar. *(Proverbio songhai)*

- Quien habla con rabia, escupe carbón. *(Proverbio igbo)*
- La lengua que consuela vale más que la mano que da. *(Proverbio yoruba)*
- Con una palabra se hiere, con otra se alivia. *(Proverbio fang)*
- El insulto deja heridas que el cuerpo no muestra. *(Proverbio hausa)*
- La voz dulce calma al niño y al anciano. *(Proverbio ewe)*
- La lengua sin control hiere más que una lanza. *(Proverbio suajili)*
- Una palabra a tiempo puede salvar un alma. *(Proverbio bubi)*
- Quien sabe hablar, sabe también cuándo callar. *(Proverbio zulu)*

El proverbio como arma y como bálsamo

- El proverbio no grita, pero llega al corazón. *(Proverbio akan)*
- Con un solo proverbio, el anciano corrige al joven. *(Proverbio tswana)*
- El proverbio es la lanza del sabio. *(Proverbio igbo)*
- Donde no llega el castigo, llega el proverbio. *(Proverbio yoruba)*

- El proverbio abre la mente sin necesidad de llave. *(Proverbio hausa)*
- El que domina los proverbios, gobierna las reuniones. *(Proverbio ewe)*
- El proverbio es medicina si se escucha con humildad. *(Proverbio malinké)*
- Los proverbios son las huellas de los antiguos en la lengua de los vivos. *(Proverbio songhai)*
- El proverbio no pertenece a quien lo dice, sino a quien lo entiende. *(Proverbio africano)*

Epílogo
Cuando el baobab calla, habla la memoria

- Hay un momento en que el baobab guarda silencio. No porque haya terminado de hablar, sino porque ha dicho lo suficiente. Entonces el viento recoge su voz y la lleva lejos, a los oídos que saben escuchar más allá del ruido.

- Este libro no ha sido solo una recopilación de proverbios, sino un regreso al círculo, al fuego compartido, al murmullo de las generaciones que transmiten su verdad sin imponerla. Aquí no se encuentran recetas, sino semillas. Palabras que pueden dormir largo tiempo en el corazón del lector hasta que, un día, broten cuando más se necesiten.

- El proverbio africano no es una frase aislada ni un adorno verbal: es un pilar de la vida comunitaria. En las aldeas y pueblos del continente, los proverbios se usan para resolver conflictos, educar a los jóvenes, consolar en el duelo, celebrar la alegría, o simplemente guiar una conversación con sabiduría y mesura. Son parte del alma del folclore africano, de sus ritos, cantos, cuentos, danzas y memorias colectivas. No hay edad para el proverbio, porque todos —desde el niño hasta el anciano— encuentran en él un espejo distinto.

- Los ancianos los transmiten como quien entrega un testigo: con pausa, con gesto, con mirada. Porque no basta con decirlos: hay que vivirlos, entenderlos, honrarlos. En una sociedad donde la palabra escrita no fue durante siglos el canal principal del saber, el proverbio se convirtió en el libro abierto de la comunidad, en el archivo de la experiencia, en la pedagogía de lo esencial.

- Lo decía Chinua Achebe, uno de los grandes escritores de África: "Los proverbios son el aceite con el que se comen las palabras". Y tenía razón: suavizan el consejo, dan sabor al relato, preparan el alma para escuchar lo que de otro modo dolería.

- Cada proverbio pronunciado, cada frase ancestral, lleva en su interior una historia no dicha, una mirada, una vivencia colectiva. Son memorias vivas que no envejecen, que siguen latiendo porque pertenecen a todos y a nadie, porque nacieron de la comunidad y vuelven a ella con cada generación.

- Cuando el baobab calla, no hay silencio: hay transmisión. En la pausa que deja su sombra, el alma entiende lo que la boca no sabe decir. Y es entonces, en ese momento sagrado, cuando comprendemos que no somos solo lectores, sino portadores. Que estas voces no terminan en nosotros, sino que empiezan de nuevo.

- Guarda este libro como se guarda un talismán: no por lo que muestra, sino por lo que despierta. Y cuando dudes, busca un proverbio. Tal vez no te dé la respuesta que esperas, pero te regalará la pregunta que necesitabas.

APÉNDICES

Glosario de términos culturales y simbólicos

- Ancestro – Figura espiritual reverenciada en muchas culturas africanas. Se cree que los ancestros siguen cuidando y orientando a los vivos desde el mundo invisible.
- Baobab – Árbol emblemático de África, símbolo de sabiduría, comunidad, resistencia y longevidad. Bajo su sombra se celebran consejos, relatos, ceremonias y reuniones comunitarias.
- Clan – Estructura social extendida más allá de la familia nuclear. El clan define pertenencia, linaje, deberes y herencias culturales.
- Consejo de ancianos – Asamblea tradicional de personas mayores encargadas de tomar decisiones comunitarias, resolver conflictos y transmitir saberes.
- Danza ritual – Expresión simbólica y sagrada. A través del cuerpo se comunican mensajes con los dioses, los espíritus o la comunidad.
- Espíritus – Entidades no visibles que habitan en la naturaleza, los sueños o los ritos. Se consideran fuerzas activas en la vida diaria.
- Griot – Figura tradicional de África Occidental: poeta, narrador, cantor e historiador oral, especie de juglar africano. Custodio de la memoria del pueblo.

- Proverbio – Frase breve, cargada de sabiduría colectiva. En África, forma parte del lenguaje cotidiano y de la educación moral y espiritual.
- Sabana – Ecosistema africano que representa un paisaje simbólico de apertura, prueba y contemplación. Espacio de aprendizaje natural.
- Tambor – Instrumento esencial en la vida africana. Medio de comunicación, rito y expresión espiritual. Su sonido también "habla".
- Totemismo – Sistema simbólico por el cual una familia o clan se asocia con un animal, planta o fuerza natural como emblema espiritual.
- Ubuntu – Filosofía del África subsahariana que expresa la interdependencia humana: "Yo soy porque nosotros somos".

Bibliografía:

FUENTES ORALES Y RECOPILACIONES TRADICIONALES

- Archivos del *Centre for African Oral Literature* (CAOL) y del *African Proverbs Project.*
- Registro de cuentos, proverbios y cantos tradicionales realizados en programas de alfabetización oral por la UNESCO y ONGs culturales locales en África Occidental.
- Relatos y proverbios transmitidos por *griots* en Malí, Senegal, Guinea, Burkina Faso y Costa de Marfil.
- Testimonios recogidos en comunidades yoruba (Nigeria), ewe (Togo y Ghana), hausa (Níger y Nigeria), fang (Gabón y Guinea Ecuatorial), bemba (Zambia), tswana (Botsuana), entre otros.

OBRAS EN LENGUA CASTELLANA

- Bajo Erro, Carlos. *África más allá del tópico.* Ed. Catarata, 2019. Aunque no específico de proverbios, aporta marco cultural útil.
- Eguren, Luis N. *Sabiduría africana: proverbios y cuentos.* Ed. Desclée de Brouwer, 1997.

- Fernández Martorell, Mercedes. *La palabra que camina. Lenguaje y cultura en África negra*. Ed. Icaria, 1995.
- Gaye, Mamadou. *Cuentos y proverbios africanos*. Ed. Miraguano, 2004.
- Hampâté Bâ, Amadou. *Amkoullel, el niño fulbé*. Ed. Laertes, 2010. Autobiografía de uno de los grandes sabios de África Occidental.
- Hampâté Bâ, Amadou. *La tradición viva. Reflexiones sobre la oralidad en África*. Ed. Fondo de Cultura Económica, 2011.
- Sánchez Gómez, Luis Ángel. *Literatura oral africana: mitos, leyendas, cuentos y proverbios*. Ed. Miraguano, 2002.
- *Etnopoética y tradición oral africana*. Revista *Afers africans*, diversos artículos. Generalitat Valenciana – CEAO.

OBRAS CLAVE EN OTRAS LENGUAS:

- Achebe, Chinua. *Todo se desmorona (Things Fall Apart)*. Traducción al español por Editorial Alianza.
- Finnegan, Ruth. *Oral Literature in Africa*. Open Book Publishers, 2012. Obra esencial para entender la variedad de géneros orales africanos.

- Ngũgĩ wa Thiong'o. *Descolonizar la mente (Decolonising the Mind)*. Traducción al español por Ed. Txalaparta, 2006.
- Okpewho, Isidore. *African Oral Literature: Backgrounds, Character, and Continuity*. Indiana University Press, 1992.
- UNESCO. *Proverbs: A Path to Dialogue among Civilizations*. 2000.
- Yankah, Kwesi. *Speaking for the Chief: Okyeame and the Politics of Akan Royal Oratory*. Indiana University Press, 1995.

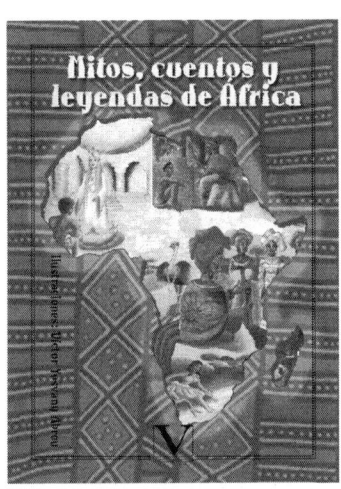

VÍCTOR YOSBANY ABREU
(ILUSTRACIONES)

Mitos, cuentos y leyendas de África

I.S.B.N.: 978-84-1136-004-3

Mitos, cuentos y leyendas de África recoge muchos de los relatos más bellos y antiguos de ese enorme continente. Todos los pueblos del mundo, desde épocas muy remotas, han ido formando un acervo interesante y valioso de cuentos y leyendas de extraordinaria riqueza en los que se mezcla la más portentosa fantasía con la realidad y que transmitidos de generación en generación han cumplido en todas las sociedades diversas funciones. los cuentos africanos tienen un importante valor pedagógico, ya que a través de estos los más pequeños reciben lecciones sobre las cosas de su entorno natural y aprenden los valores de su comunidad. Estas historias cumplen cabalmente las exigencias básicas de toda obra literaria para la infancia: distraen, desarrollan la imaginación y la fantasía de los niños, orientan y educan, mediante la acción ejemplificante y la contrastante. A través de sus personajes, con extraños y atractivos nombres, que se mueven en un panorama diferente al que estamos acostumbrados se nos muestran, a la vez de las particularidades de pueblos exóticos, valores universales representativos de la naturaleza y la sabiduría humanas.